体育院校民族传统体育专业太极剑选修课程教材

周之华◎丛书主编　　杨静◎编著

冠军教你太极剑

图书在版编目（CIP）数据

冠军教你太极剑/杨静编著．
—北京：中央编译出版社，2013.6
ISBN 978-7-5117-1645-3

Ⅰ.①冠…
Ⅱ.①杨…
Ⅲ.①剑术（武术）－基本知识－中国
Ⅳ.①G852.24

中国版本图书馆CIP数据核字（2013）第075804号

冠军教你太极剑

出 版 人	刘明清
责任编辑	王丽芳
责任印制	尹　珺
出版发行	中央编译出版社
地　　址	北京西城区车公庄大街乙5号鸿儒大厦B座（100044）
电　　话	（010）52612345（总编室）　（010）52612349（编辑室） （010）66161011（团购部）　（010）52612332（网络销售） （010）66130345（发行部）　（010）66509618（读者服务部）
网　　址	www.cctphome.com
经　　销	全国新华书店
印　　刷	北京国邦印刷有限责任公司
开　　本	787*1092
字　　数	15千字
印　　张	7
版　　次	2013年6月第1版第1次印刷
定　　价	56.00元

本社常年法律顾问：北京市吴奕赵阎律师事务所律师　　闫军　梁勤
凡有印装质量问题，本社负责调换，电话：（010）66509618

前言 preface

太极剑是太极拳运动的一项重要内容，它是在练习太极拳的基础上，为了提高身体的平衡能力、协调能力和趣味性而逐渐发展起来的锻炼方法。太极剑兼有太极拳和剑术两种风格特点，既体现了太极拳刚柔相济、动静相兼、连绵不断的风格，又将剑术的轻灵飘逸、舒展优雅的韵味充分展现。

本书共分两部分，第一部分是太极剑的基础知识和基本练习，主要包括剑的基本结构、基本手型、步型、步法、剑法以及套路中的难点动作和单式动作。第二部分是太极剑的套路学习，主要包含32式太极剑和42式太极剑。学习者在练习中应注意以下三个方面的内容。

一、了解太极剑的练习方法和要求

拳剑之理同出一辙，太极剑的练习方法和要求应以拳法要求为宗。太极剑主要有刺、劈、崩、云、抹、带、点、戳、撩、挂等基本剑法，同时在套路中还包含各种平衡、腿法等动作。练习太极剑要求手、眼、身、法、步与剑法的配合协调一致，体现出劲力沉稳、剑法清晰、身法轻灵、气势如虹的独特魅力。

二、了解太极剑套路的风格特点

32式太极剑和42式太极剑套路是在传统太极剑套路的基础上创编而成，全套动作结构严谨、编排新颖、布局合理，既体现了传统太极剑以静待动、身剑合一的文化内涵，又汲取了现代剑术的轻灵优美、灵活多变的特点，不仅具有竞技性、观赏性，还具有很好的健身效果。

三、了解练习太极剑的注意事项

首先，应注意动作准确，身械合一。太极剑是在太极拳的基础上加上剑术的方法，与拳术不同之处在于需要剑法要与步型、身法高度配合，协调一致；其次，应注意剑法力点明确。剑，有双刃一尖，多点、刺、撩、劈等动作，因此剑尖所指的方向、方位、力点等决定了剑的技法具有灵活多变的特点，初学者掌握起来有一定的难度，可将不同的剑法单独练习，以便掌握；第三，应正确掌握剑的使用。练习太极剑应注意保持合理的间距，以免误伤他人。此外，在练习太极剑的过程中还应注意持剑的礼仪，如递剑、接剑应剑尖朝下；取剑、收剑应轻拿轻放等。

总而言之，通过太极剑的学习，希望练习者不仅提高技艺，增长知识，还能将武术良好的礼仪风范传承下去。

目录 contents

第一章　太极剑基本动作练习

一、剑的基本结构	001
二、基本手型、步型	002
1. 手型	002
2. 步型	002
三、基本剑法	004
1. 持剑	004
2. 点剑	004
3. 绞剑	005
4. 削剑	005
5. 劈剑	005
6. 拦剑	006
7. 撩剑	006
8. 截剑	006
9. 带剑	007
10. 云剑	008
11. 刺剑	009
12. 崩剑	009
四、组合练习	010
1. 刺剑—右带剑—左带剑	010
2. 刺剑—左拦剑—右拦剑	012
3. 左云剑—右云剑	014

第二章　32式太极剑

一、32式太极剑简介	017
二、32式太极剑动作名称	017
三、32式太极剑套路学习	018

第一段

1. 起势（三环套月）..................018
2. 并步点剑（蜻蜓点水）..................021
3. 独立反刺（大魁星式）..................022
4. 仆步横扫（燕子抄水）..................023
5. 左右平带（左右拦扫）..................025
6. 独立抡劈（探海势）..................027
7. 退步回抽（怀中抱月）..................027
8. 独立上刺（宿鸟投林）..................028

第二段

9. 虚步下截（乌龙摆尾）..................028
10. 左弓步刺（青龙出水）..................029
11. 转身斜带（风卷荷叶）..................030
12. 缩身斜带（狮子摇头）..................031
13. 提膝捧剑（虎抱头）..................032
14. 跳步平刺（野马跳涧）..................032
15. 左虚步撩（小魁星式）..................034
16. 右弓步撩（海底捞月）..................034

第三段

17. 转身回抽（射雁式）..................035
18. 并步平刺（白猿献果）..................037
19. 左右挂剑（迎风掸尘）..................038
20. 左弓步拦（迎风掸尘）..................040

21. 进步反刺（顺水推舟） 041
22. 反身回劈（流星赶月） 042
23. 虚步点剑（天马行空） 043

第四段

24. 独立平托（挑帘式） 044
25. 弓步挂劈（左车轮剑） 044
26. 虚步抡劈（右车轮剑） 045
27. 撤步反击（大鹏展翅） 046
28. 进步平刺（黄蜂入洞） 047
29. 丁步回抽（怀中抱月） 048
30. 旋转平抹（风扫梅花） 048
31. 弓步直刺（指南针） 049
32. 收势 050

第三章　42式太极剑竞赛套路

一、42式太极剑竞赛套路简介	051
二、42式太极剑竞赛套路动作名称	051
三、42式太极剑竞赛套路学习	052

第一段

1. 起势 053
2. 并步点剑 056
3. 弓步斜削 057
4. 提膝劈剑 058
5. 左弓步拦 059
6. 左虚步撩 060
7. 右弓步撩 061
8. 提膝捧剑 062
9. 蹬脚前刺 063
10. 跳步平刺 064
11. 转身下刺 065

第二段

12. 弓步平斩 …………………………………………… 067
13. 弓步崩剑 …………………………………………… 068
14. 歇步压剑 …………………………………………… 069
15. 进步绞剑 …………………………………………… 070
16. 提膝上刺 …………………………………………… 072
17. 虚步下截 …………………………………………… 073
18. 右左平带（右、左） ……………………………… 074
19. 弓步劈剑 …………………………………………… 076
20. 丁步托剑 …………………………………………… 078
21. 分脚后点 …………………………………………… 079

第三段

22. 仆步穿剑（右） …………………………………… 081
23. 蹬脚架剑（左） …………………………………… 083
24. 提膝点剑 …………………………………………… 084
25. 仆步横扫（左） …………………………………… 084
26. 弓步下截（右、左） ……………………………… 085
27. 弓步下刺 …………………………………………… 087
28. 右左云抹（右、左） ……………………………… 088
29. 右弓步劈 …………………………………………… 091
30. 后举腿架剑 ………………………………………… 091
31. 丁步点剑 …………………………………………… 092
32. 马步推剑 …………………………………………… 093

第四段

33. 独立上托 …………………………………………… 094
34. 挂剑前点 …………………………………………… 095
35. 歇步崩剑 …………………………………………… 096
36. 弓步反刺 …………………………………………… 097
37. 转身下刺 …………………………………………… 098
38. 提膝提剑 …………………………………………… 099
39. 行步穿剑 …………………………………………… 100
40. 摆腿架剑 …………………………………………… 102
41. 弓步直刺 …………………………………………… 103
42. 收势 ………………………………………………… 103

第一章

太极剑基本动作练习
Tai ji jian ji ben dong zuo lian xi

一、剑的基本结构

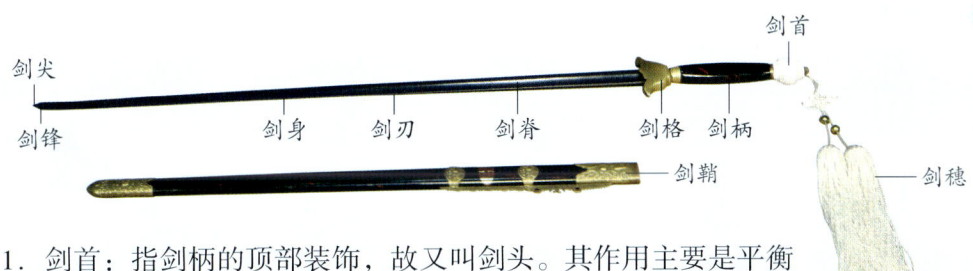

1. 剑首：指剑柄的顶部装饰，故又叫剑头。其作用主要是平衡重心以利手感，二则装饰用。

2. 剑柄：指手握部分之主体。剑柄有单、双手之分。单手剑把长10~20厘米，双手剑把长20厘米以上。剑柄的材质有木、玉石、象牙兽角等。

3. 剑格：俗称护手，古称镡、格。指剑身与握柄之间作为护手的突出部分，防止两剑相格后刺伤握持之手而设，另一个重要功能是防止刺物时手滑到剑刃上受伤。

4. 剑身：指剑有锋刃的部位。其材质视不同品种和使用要求，分别采用中碳钢、不锈钢、花纹钢、合金钢或铝合金等。为增强剑身强度，有包钢（钢芯）或刃部嵌钢。剑身修长，两侧出刃，中间为脊。

5. 剑脊：指剑身中央突起部分，有增强剑身强度的作用。有单脊、双脊或三脊（成血槽状）。要求剑脊平直，两面刃对称，以保持剑的平衡。

6. 剑锋：指剑身末端、剑尖附近部分。其形状一般有尖锋和圆锋两种。

7. 剑刃：古称锷。指剑身两侧的锋利部分。常在刃部夹钢，以增加剑的锐利。

8. 剑尖：指剑身的顶部，两侧为剑锋。

9. 剑鞘：其材质通常为木制，外涂以朱漆或黑漆，或裹以鲨鱼皮，现代常采取裹蛇皮的办法求创新，若采用檀木、红木、黄花梨木、鸡翅木等珍贵木材，不需油漆，呈天然木纹本色，历久更显古色古香。

10. 剑穗：剑之装饰品，有短穗、长穗两种。

二、基本手型、步型

1. 手型

剑指。〔见图1（a）（b）〕

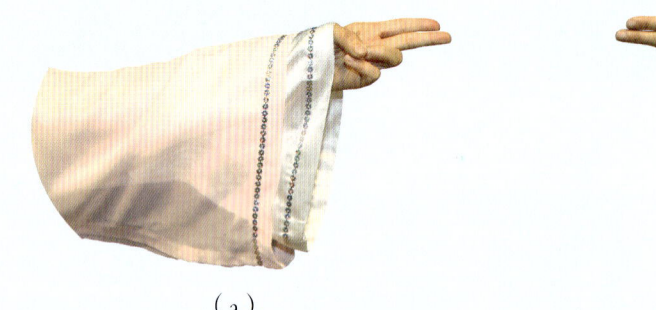
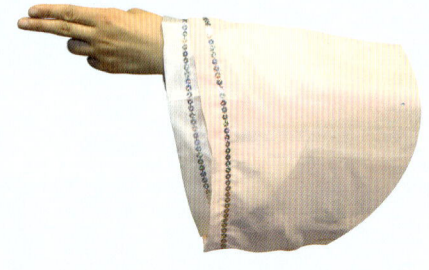

（a） （b）

【图1 剑指（正面、背面）】

2. 步型

开步：两脚开立，与肩同宽，上身中正。（见图2）

弓步：左腿或右腿在前，后腿膝关节自然舒展成弓步，两脚间的横向距离保持30厘米左右，上身保持中正。（见图3）

【图2 开步】 【图3 弓步】

仆步：左腿或右腿全蹲，另一侧腿自然伸直，脚尖内扣，脚外侧不能翻起，上身保持中正。（见图4）

虚步：左腿或右腿半蹲，另一侧腿膝关节微屈，脚尖点地，上身保持中正。（见图5）

【图 4仆步】

【图5 虚步】

【图6 丁步】

丁步：古称"寒鸡步"。太极剑的丁步姿势较高，也可称作"高丁步"。支撑腿微屈，另一腿靠近支撑腿的内侧脚尖点地。（见图6）

三、基本剑法

1. 持剑

反手持剑姿势：左臂自然垂直，左手食指贴紧剑柄，指尖向下对准剑首的方向，其余四指握在剑格（护手）的位置，剑身贴近左臂后侧，剑尖朝上。

右手持剑：正手持剑姿势：五指握紧剑柄，拇指与食指相扣，虎口贴紧剑格（护手）底部。（见图1）

【图1 持剑】

【图2 点剑】

2. 点剑

俗称"凤点头"。剑身竖立，提腕由上向下悬腕向前下点击，力达剑尖，臂伸展。（见图2）

第一章　太极剑基本动作练习

3. 绞剑

攻守兼备型剑法。平剑，剑尖做立圆环绕，力达剑身前部，肘微屈，主要圈割对方手腕，故绞剑幅度不宜过大，通常圈的直径为30厘米。（见图3）

4. 削剑

进攻性剑法。平剑自异侧下方经胸前向同侧斜上方削出，手心斜向上，剑尖略高于头。（见图4）

【图3 绞剑】

【图4 削剑】

【图5 劈剑】

5. 劈剑

进攻性剑法。主要攻击对方头部、肩部。持剑手臂伸直，剑走立圆，经头上向前或后直劈，手腕挺直，剑与臂成一直线，力达剑身。（见图5）

005

6. 拦剑

　　防守性剑法。剑身由右下方向斜上方拦出,剑刃向前,剑首在左或右额前方,剑尖朝斜下方,力达剑身。(见图6)

7. 撩剑

　　攻守兼备型剑法。正撩剑为前臂外旋,手心朝上,贴身弧形撩出,力达剑身前部;反撩剑前臂内旋,贴身弧形撩出,力达剑身前部。(见图7)

【图6 拦剑】

【图7 撩剑】

8. 截剑

　　攻守兼备型剑法。此剑法重在避正取斜,侧向迎击,用剑刃切断对方来势,力达剑刃。(见图8)

【图8 截剑】

9. 带剑

防守性剑法。剑身随屈肘向体侧抽回的动作。带剑时剑尖朝前，转腰带臂使剑回抽，力达剑身。（见图9）

（a）

（b）

（c）

【图9 带剑】

10. 云剑

攻守兼备型剑法。剑身在头上方平圆环绕,既可进攻对方头、颈部,也可避护拦开对方的进攻。(见图10)

(a)　　　　　　　　　　　　(b)

(c)　　　【图10 云剑】　　　(d)

11. 刺剑

从剑身形状可分为直刺（剑刃朝上下）刺与平剑（剑刃朝左右）刺两种。从方位可分为上刺、平刺、下刺。要求从腰间发力使剑身向前刺出，力达剑尖，臂与剑成一直线。（见图11）

12. 崩剑

指立剑，沉腕，剑尖由下向上突然翘起的动作。（见图12）

【图11 刺剑】

【图12 崩剑】

四、组合练习

1. 刺剑—右带剑—左带剑

（a 刺剑）

（b 右带剑）

（c 右带剑）

第一章　太极剑基本动作练习

（d 右带剑）

（e 左带剑）

（f 左带剑）

2. 刺剑—左拦剑—右拦剑

（a 刺剑）

（b 左拦剑）

第一章 太极剑基本动作练习

（c 左拦剑）

（d 右拦剑）

（e 右拦剑）

3. 左云剑—右云剑

（a 左云剑）

（b 左云剑）

（c 左云剑）

第一章　太极剑基本动作练习

（d 左云剑）

（e 左云剑）

（f 右云剑）

（g 右云剑）

（h 右云剑）

（i 右云剑）

第二章

32式太极剑

32 Shi tai ji jian

一、32式太极剑简介

32式太极剑是原国家体委于1957年组织编创的太极剑普及套路。全部动作除起、收势外共32个动作，整个套路分四组，每组由8个动作组成。这套太极剑内容精练充实，包括抽、带、撩、刺、点、劈等主要剑法，动作规范，易学易练，易于推广并普及，深受广大太极剑爱好者的喜爱。

二、32式太极剑动作名称

第一段
1. 起势
2. 并步点剑
3. 独立反刺
4. 仆步横扫
5. 左右平带
6. 独立抡劈
7. 退步回抽
8. 独立上刺

第二段
9. 虚步下截
10. 左弓步刺
11. 转身斜带
12. 缩身斜带
13. 提膝捧剑
14. 跳步平刺
15. 左虚步撩
16. 右弓步撩

第三段
17. 转身回抽
18. 并步平刺
19. 左右拦剑
20. 左弓步拦
21. 进步反刺
22. 反身回劈
23. 虚步点剑

第四段
24. 独立平托
25. 弓步挂劈
26. 虚步抡劈
27. 撤步反击
28. 进步平刺
29. 丁步回抽
30. 旋转平抹
31. 弓步直刺
32. 收势

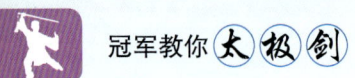

三、32式太极剑套路学习

预备式

两脚并立

面向正南

身正体舒

眼睛平视

（设面向正南）持剑站立

1. 起势（三环套月）（见图1）

（a 持剑站立）

（b 向左开步）

（c 两臂前掤）

第二章　32式太极剑

（d 右转摆剑）

（e 丁步收脚、右指前穿）

（f 屈肘上步）

冠军教你太极剑

（g 弓步前指）

（h 盖步穿剑）

（i 左右分展）

(j 屈肘上步)  （k 弓步接剑）

【图1 起势】

2. 并步点剑（蜻蜓点水）（见图2）

【图2 上前并步、曲膝点剑】

3. 独立反刺（大魁星式）（见图3）

（a 撤步挑剑）

（b 弓步截剑）

（c 丁步挑剑）　　　　　　（d 提膝反刺）

【图3 独立反刺】

4. 仆步横扫（燕子抄水）（见图4）

（a 落步平劈）

（b 仆步横扫）

（c 弓步扫剑）

【图4 仆步横扫】

5. 左右平带（左右拦扫）（见图5）

（a 丁步收剑）

（b 出步送剑）

（c 弓步平带）

冠军教你 太极剑

（a 丁步收剑）

（b 出步送剑）

（c 弓步平带）

【图5 左右平带】

6. 独立抡劈（探海势）（见图6）

【图6 独立抡劈】

（a 丁步按腕）

（b 上步架剑、提膝下劈）

7. 退步回抽（怀中抱月）（见图7）

【图7 退步提剑、虚步抱剑】

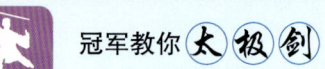

8. 独立上刺(宿鸟投林)(见图8)

【图8 右转上步、提膝上刺】

9. 虚步下截(乌龙摆尾)(见图9)

(a 退后落步、左转平摆)　　【图9 虚步下截】　　(b 虚步下截)

10. 左弓步刺（青龙出水）（见图10）

（a 撤步提剑）

（b 右转平带）

（c 弓步平刺）

【图10 左弓步刺】

11. 转身斜带（风卷荷叶）（见图11）

（a 后坐扣脚、右转收剑）

（b 左坐送剑）

（c 转体开步）

（d 弓步斜带）

【图11 转身斜带】

12. 缩身斜带（狮子摇头）（见图12）

（a 提膝收剑）

（b 撤步送剑）

（c 丁步回带）

【图12 缩身斜带】

13. 提膝捧剑（虎抱头）（见图13）

（a 撤步右坐、虚步分剑）　【图13 提膝捧剑】　（b 踏前半步、提膝捧剑）

14. 跳步平刺（野马跳涧）（见图14）

（a 跃步平刺）

（b 落步分剑）

（c 弓步平刺）

【图14 跳步平刺】

15. 左虚步撩（小魁星式）（见图15）

（a 收脚抱剑）

【图15 左虚步撩】

（b 左虚步撩）

16. 右弓步撩（海底捞月）（见图16）

（a 右转劈剑）

（b 左转上步）

【图16 右弓步撩】

（c 右弓步撩）

第三段

17. 转身回抽（射雁式）（见图17）

（a 弓步抽剑）

冠军教你 太极剑

（b 弓步劈剑）

（c 后坐抽剑）

（d 虚步前指）

【图17 转身回抽】

18. 并步平刺（白猿献果）（见图18）

（a 左前上步）

（b 并步平刺）

【图18 并步平刺】

19. 左右拦剑（迎风掸尘）（见图19）

（a 后坐撇脚、右转架剑）

（b 左转开步）

（c 左弓步拦）

第二章 32式太极剑

（d 后坐撇脚、左转抱剑）

（e 右弓步拦）

【图19 左右拦剑】

20. 左弓步拦（迎风掸尘）（见图20）

（a 撇脚架剑）

（b 左转开步）

（c 左弓步拦）

【图20 左弓步拦】

21. 进步反刺（顺水推舟）（见图21）

（a 歇步转身）

（b 回身后刺）

（c 挑剑上步）　　　　　　（d 弓步反刺）

【图21 进步反刺】

22. 反身回劈（流星赶月）（见图22）

（a 收脚架剑）　　【图22 反身回劈】　　（b 弓步劈剑）

23. 虚步点剑（天马行空）（见图23）

（a 绕臂收步）

（b 转身上步）

（c 虚步前点）

【图23 虚步点剑】

第四段

24. 独立平托（挑帘式）（见图24）

【图24 独立平托】

（a 插步绕剑） （b 向右转体、独立平托）

25. 弓步挂劈（左车轮剑）（见图25）

（b 弓步抢劈）

（a 盖步挂剑） 【图25 弓步挂劈】

26. 虚步抡劈（右车轮剑）（见图26）

（a 右转撤脚、回身撩剑）

（b 上步举剑）

（c 虚步劈剑）

【图26 虚步抡劈】

27. 撤步反击（大鹏展翅）（见图27）

（a 提膝收剑）　　　　　　　　（b 撤步右转、弓步削剑）

（c 收脚带剑）　【图27 撤步反击】　（d 左转上步）

28. 进步平刺（黄蜂入洞）（见图28）

（a 重心前移、右脚前收）

（b 上步蓄势）

（c 弓步平刺）

【图28 进步平刺】

29. 丁步回抽（怀中抱月）（见图29）

【图29 丁步抱剑】

30. 旋转平抹（风扫梅花）（见图30）

（a 摆步抹剑）

（b 扣步抹剑）

（c 插步右转）　　【图30 旋转平抹】　　（d 虚步分剑）

31. 弓步直刺（指南针）（见图31）

【图31 弓步刺剑】

32. 收势（见图32）

（a 右转接剑）

（b 左转反提）

（c 并步按指）

【图32 收势】

（d 收势还原）

第三章

42式太极剑竞赛套路

42 Shi tai ji jian jing sai tao lu

一、42式太极剑竞赛套路简介

42式太极剑是国家竞赛规定套路，全套分为4个段落，共有42式动作，其中包含十八种剑法、五种步型、三种平衡、三种腿法和崩、推、刺三种发劲动作。42式太极剑既保留了传统太极剑的风格特点，又有所创新，不仅内容充实、动作规范、结构严谨、编排新颖、布局合理，而且动作数量、组别和时间等均符合竞赛规则的要求。42式太极剑不仅作为国家武术竞赛套路，更是自1990年北京亚运会起被列为亚运会武术竞赛项目、亚洲武术锦标赛竞赛项目、世界武术锦标赛竞赛项目。

二、42式太极剑竞赛套路动作名称

第一段		第二段	
1. 起势	2. 并步点剑	12. 弓步平斩	13. 弓步崩剑
3. 弓步削剑	4. 提膝劈剑	14. 歇步压剑	15. 进步绞剑
5. 左弓步拦	6. 左虚步撩	16. 提膝上刺	17. 虚步下截
7. 右弓步撩	8. 提膝捧剑	18. 右左平带（右、左）	
9. 蹬脚前刺	10. 跳步平刺	19. 弓步劈剑	20. 丁步托剑
11. 转身下刺		21. 分脚后点	

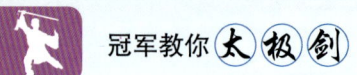

第三段	第四段
22．仆步穿剑（右） 23．蹬脚架剑（左）	33．独立上托　　34．挂剑前点
24．提膝点剑　　25．仆步横扫（左）	35．歇步崩剑　　36．弓步反刺
26．弓步下截（右、左）	37．转身下刺　　38．提膝提剑
27．弓步下刺	39．行步穿剑　　40．摆腿架剑
28．左右云抹（右、左）	41．弓步直刺　　42．收势
29．右弓步劈	
30．后举腿架剑　　31．丁步点剑	
32．马步推剑	

三、42式太极剑竞赛套路学习

预备式

方法：两脚并拢，脚尖朝前；畅胸舒背；身体直立，两臂自然垂于身体两侧，右手成剑指，手心朝里；左手持剑，手心朝后；剑身竖直贴靠在左臂后面，剑尖朝上；目视前方。（见图1）

要点：头颈自然竖直，下颌微收，上体保持自然，不可挺胸收腹。两肩臂要自然松沉；剑刃不可触及身体；精神要集中。

【图1 预备式】

1. 起势

1. 左脚提起向左迈半步，与肩同宽；身体重心在两腿中间，同时两臂微屈略内旋，两手距身体约10厘米；目视前方。（见图2）

2. 两臂自然伸直向左前方摆举至与肩平，手心朝下；上体略右转，随转体右手剑指右摆，至右前方后屈肘向下划弧至腹前，手心朝上；左手持剑，右摆后屈肘置于体前，腕同肩高，手心朝下；两手心相对；同时重心左移，左腿屈膝半蹲，右脚收提至左脚内侧（脚不触地）；目视右前方。〔见图3（a）（b）（c）〕

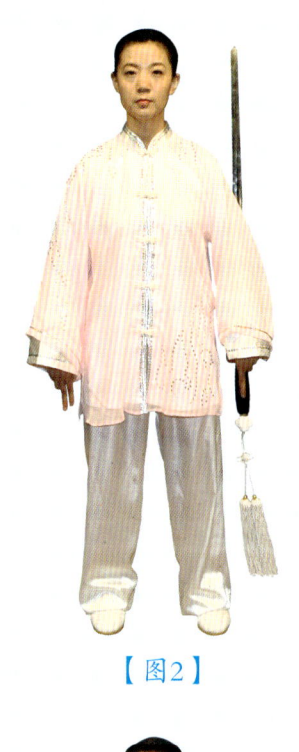

【图2】

（a）

（b）

（c）　【图3】

冠军教你 太 极 剑

3．右脚向右前方（约45°）上步，随身体重心前移成右弓步；同时右手剑指经左臂下向前上方摆举，臂微屈，腕同肩高，手心斜朝上；左手持剑附于右前臂内侧（剑柄在右前臂上方），手心朝下；继而，身体重心移向右腿，左脚跟至右脚内侧后方，脚尖点地；同时右手剑指向右前方伸送；左手持剑屈肘置于右胸前，手心朝下；目视剑指前方。〔见图4（a）（b）〕

（a）

（b）

【图4】

4. 重心左移，右脚尖内扣，身体左转（约90°），左脚向左前方上步，成左弓步；同时左手持剑经膝前向左划弧搂至左胯旁，臂微屈，手心朝后，剑身竖直，剑尖朝上；右手剑指屈肘经右耳旁向前指出，手心斜朝前，指尖朝上，腕同肩高；目视前方。〔见图5（a）（b）〕

要点：两手摆举转换要与重心移动协调配合，上体要保持中正安舒，不可左、右摇摆或前俯后仰；两肩要松沉，两臂不可僵直。

【图5】　（a）　　　（b）

2. 并步点剑

1. 重心前移，右脚经左脚内侧向右前方（约45°）上步，随重心前移成右弓步；同时左手持剑经胸前向前穿出至右腕上（剑柄贴靠右腕）；继而，重心前移，左脚收提至右脚内侧；同时两手分别向左、右两侧摆举后屈肘向下划弧置于胯旁，手心均朝下；目视前方。〔见图6（a）(b)〕

2. 左脚向左前方（约45°）上步，随重心前移成左弓步；同时两手侧分摆举，略高于肩后向前划弧于体前相合，左手在外，高与胸齐，手心朝外，臂呈弧形；剑身贴靠左前臂，剑尖斜朝后，右手虎口对剑柄准备接剑；目视前方。（见图7）

（a）

（b）

【图6】

【图7】

3．身体重心前移，右脚向左脚并步，屈膝半蹲；同时右手接握剑柄，随以腕关节为轴，使剑尖由身体左后方经上向前划弧，至腕与胸高时，提腕使剑尖向前下方点剑；左手变剑指附于右腕内侧；目视剑尖方向。

要点：两手侧分摆举划弧与成弓步要协调一致，两臂不要僵挺；右手接剑时动作要自然，勿停顿；点剑时，两肩要保持松沉，上体正直，不可耸肩、拱背或突臀；劲注剑尖。（见图8）

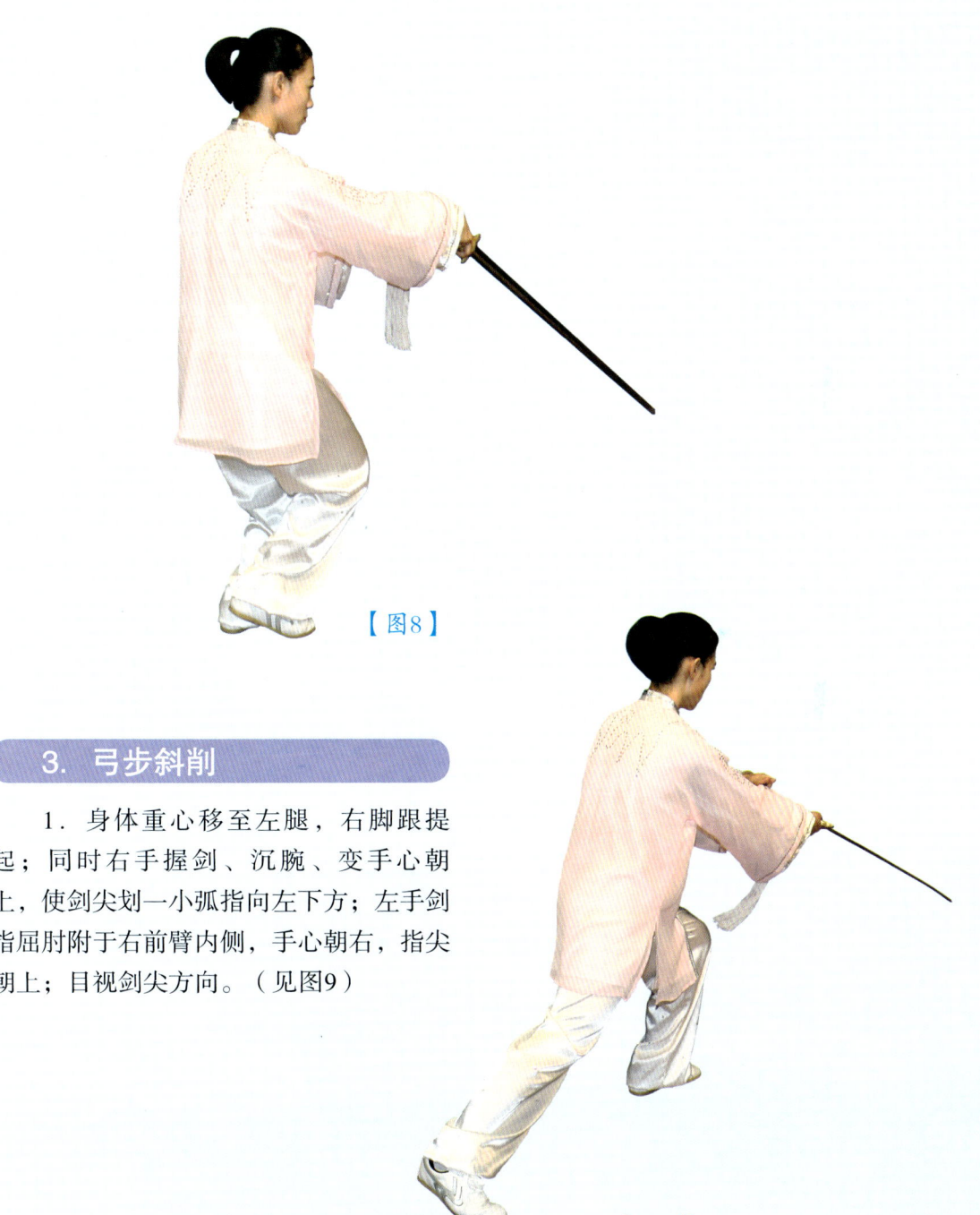

【图8】

3. 弓步斜削

1．身体重心移至左腿，右脚跟提起；同时右手握剑、沉腕、变手心朝上，使剑尖划一小弧指向左下方；左手剑指屈肘附于右前臂内侧，手心朝右，指尖朝上；目视剑尖方向。（见图9）

【图9】

2. 右脚向右后方后撤步，脚跟着地，随身体重心右移，右腿屈膝，左脚跟外展成右弓步；身体右转（约180°）；同时右手握剑随转体向右上方斜削，腕同肩高；左手剑指左摆置于胯旁，手心斜朝下，指尖朝前；目视剑尖方向。（见图10）

要点：削剑时要与转腰、弓步协调一致，以腰带臂，使剑力达剑刃前端；上体中正，神态自然。

【图10】

4. 提膝劈剑

1. 左腿屈膝，身体重心后移，上体随之略向右转，右脚尖跷起外摆；同时右手握剑屈肘向右、向后划弧至体右后方，手心朝上，腕略高于腰；左手剑指向前、向右划弧摆至右肩前，手心斜朝下；目视剑尖方向。（见图11）

【图11】

第三章　42式太极剑竞赛套路

2．身体略向左转，重心前移，右脚掌踏实，左腿自然直立；左腿屈膝提起成右独立步；同时右手握剑向前劈出，剑、臂平直；左手剑指经下向左弧摆举至与肩平，手心朝外，指尖朝前；目视剑尖方向。（见图12）

要点：身体左、右转动要与两臂动作协调一致；提膝独立要与劈剑协调一致；劲贯剑身下刃。

【图12】

5．左弓步拦

1．右腿屈膝半蹲，上体略左转，左脚向左落地，脚跟着地；同时右手握剑以腕关节为轴使剑尖在体前顺时针划一圆弧；左手剑指附手右前臂内侧，手心朝下；目视剑尖方向。（见图13）

【图13】

059

2．身体左转（约90°），随重心前移；左脚踏实，右脚跟外展成左弓步；同时右手握剑，随转体经下向左前方划弧拦出，手心斜朝上，腕同胸高；左手剑指经下向左、向上划弧，臂呈弧形举于头前上方，手心斜朝上；目视剑尖方向。（见图14）

要点：身体转动与剑绕环要协调一致；弓步时上体不可前俯。

【图14】

6．左虚步撩

1．右腿屈膝，重心稍后移，左脚尖跷起并稍外展，上体左转；继而，随重心前移左脚落地踏实，上体略右转，右脚向右前方上步，脚跟着地；同时右手握剑随转体屈肘向上，向左划弧至左胯旁，手心朝里，剑尖斜朝后上方；左手剑指下落附于右腕部；目视剑尖方向。（见图15）

【图15】

2. 身体右转，右脚尖外展，随重心前移落地踏实，右腿屈膝半蹲，左脚向左前方上步成左虚步；同时右手握剑，剑刃领先经后向下、向左前上方立圆撩架至头前上方，臂微屈，手心朝外，剑尖略低于手；左手剑指附于右腕部；目视左前方。（见图16）

要点： 剑向左后绕环要与身体转换一致，向前撩剑要与迈左步协调一致，整个动作要连贯圆活。

【图16】

【图17】

7. 右弓步撩

身体略向右转，左脚向左上步，脚跟着地；同时右手握剑向上、向右划弧至身体右上方，腕稍低于肩，臂微屈，剑尖朝右上方；左手剑指屈肘落于右肩前，手心斜朝下；目视剑尖方向。身体左转，随重心移至左腿，左脚尖外展落地踏实，继而右脚向前上步，随重心前移成右弓步；同时右手握剑经下向前立剑撩出，腕同肩高，手心斜向上，剑尖斜向下；左手剑指向下、向左上方划弧，臂呈弧形举于头上方，手心斜朝上；目视剑尖方向。（见图17）

要点： 撩剑时剑贴身体立圆撩出，幅度宜大，且要做到势动神随；上步时重心要平稳，勿起伏。

8. 提膝捧剑

1. 左腿屈膝半蹲，重心后移，身体略向左转；同时右手握剑随转体向左平带，手心朝上，腕同胸高，剑尖朝前；左手剑指屈肘下落附于右腕部，手心朝下；目视剑尖方向。（见图18）

2. 身体略向右转，右脚向后撤步，随重心后移成左虚步；同时右手握剑随转体手心转向下，使剑经体前向右平带至右胯旁，剑尖朝前；左手剑指向下、向左划弧至左胯旁，手心朝下；目视剑尖方向。（见图19）

【图18】

【图19】

3. 左脚向前活步，随重心前移，左腿自然直立，右腿屈膝提起成左独立步；同时两手手心翻转朝上随提膝由两侧向胸前相合，左手剑指捧托在右手背下，与胸同高；剑尖朝前，略高于腕；目视前方。（见图20）

要点：左、右转体带剑要协调连贯；捧剑与提膝协调一致；提膝时膝不得低于腰部。

【图20】

9. 蹬脚前刺

左腿直立，右脚以脚跟为力点，勾脚向前蹬出；同时两手捧剑略回引再向前平刺；目视剑尖方向。（见图21）

要点：蹬脚时身体不可前俯或挺腹，脚高不得低于腰部；剑向前平刺时两臂要保持松沉。

【图21】

10. 跳步平刺

1. 右脚向前落步，随身体重心前移，右脚蹬地向前跳步，左脚前摆落地踏实，腿微屈；右脚在左脚将落地时迅速向左脚内侧靠拢（脚不着地）；同时两手捧剑随右脚落步向前平刺；左脚落地时两手腕部内旋，同时撤回置于两胯旁，手心均朝下；目视前方。

〔见图22（a）（b）（c）〕

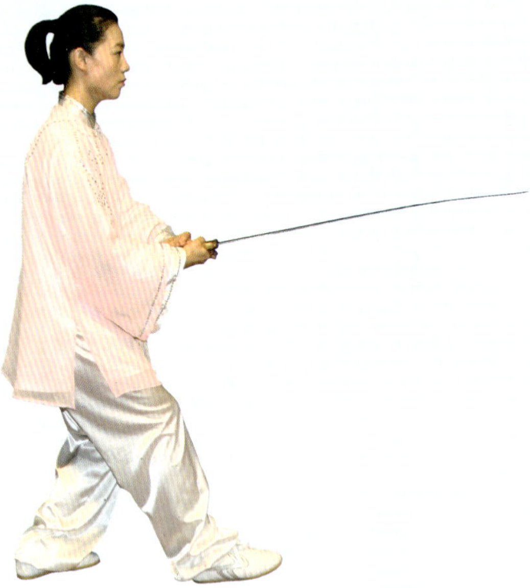

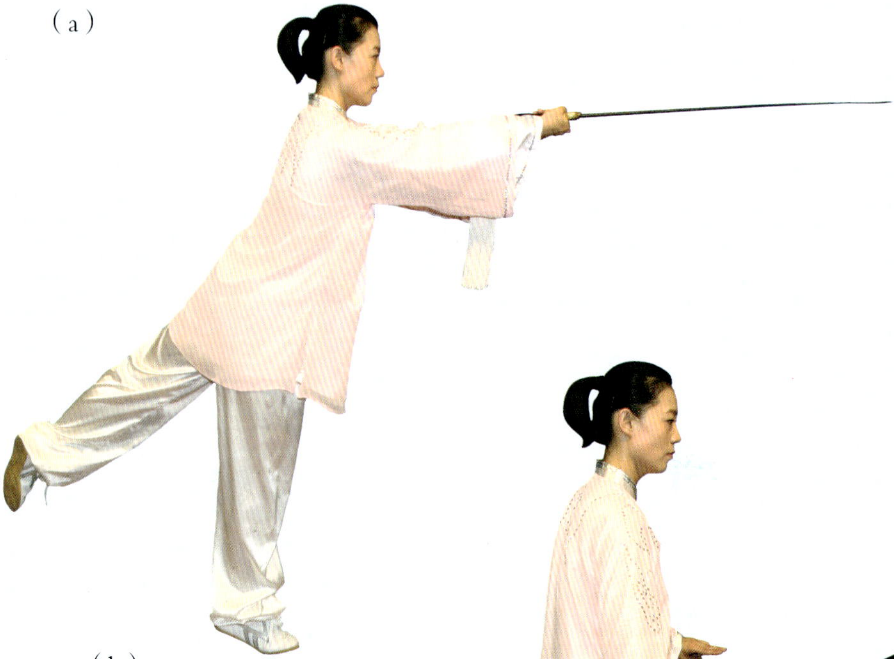

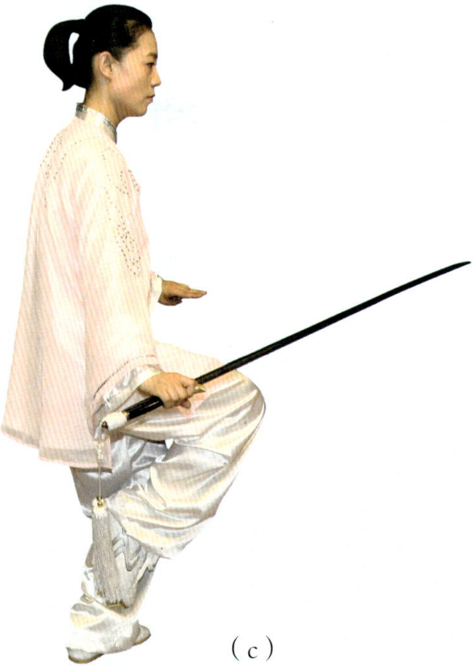

【图22】

2. 右脚向前上步成右弓步；同时右手握剑经腰部向前平刺，腕同胸高，手心朝上，劲注剑尖；左手剑指经左向上、向前划弧，臂呈弧形举于头上方，手心斜朝上；目视剑尖方向。（见图23）

要点：右脚落步—前刺、左跳步与两手回抽要协调一致；左脚落地后右脚有刹那间暂停，再进步平刺。

【图23】

11. 转身下刺

1. 左腿屈膝，重心后移；右腿自然伸直，脚尖上翘；同时右手握剑向左、向右平带屈肘收至胸前，手心朝上；左手剑指屈肘置于胸前，剑身平贴于左前臂下，两手心斜相对；目视左前方。（见图24）

【图24】

2．右脚尖内扣落地，重心移至右腿；继而以右脚掌为轴身体左后转（约270°），左腿屈膝提起收至右脚内侧（不着地）；两手仍合手胸前；目视左前方。（见图25）

【图25】

【图26】

3．左脚向左前方落步成左弓步；同时右手握剑向左前下方平剑刺出，手心朝上；左手剑指向左、向上划弧，臂呈弧形举于头前上方，手心斜朝上；目视剑尖方向。（见图26）

要点：转身时要平稳自然，不可低头弯腰；弓步与刺剑要协调一致。

12. 弓步平斩

1. 重心前移，右脚收提于左脚内侧（脚不触地）；同时右手握剑,沉腕，手心斜朝上；左手剑指屈肘向前附于右前臂上；目视剑尖方向。（见图27）

2. 右脚向右后方撤步，左脚碾步内扣成右横裆步，身体右转（约90°）；同时右手握剑向右平斩；左手剑指向左分展侧举，略低于胸，手心朝左，指尖朝前；目视剑尖方向。（见图28）

要点：肩、肘松活，以腰带臂，眼随剑走，运劲沉稳不断。

【图27】

【图28】

13. 弓步崩剑

1. 重心左移，身体略左转；随转体右手握剑，以剑柄领先，屈肘向右带剑至面前，手心朝后；左手剑指弧形左摆至左胯旁，手心朝下，指尖朝前；继而重心再右移，左腿经右脚后向右插步成叉步；同时右手握剑略向左带后内旋翻、手心朝下、向右格带，腕有胸高，手臂自然伸直，剑尖朝前，与肩同高；左手剑指向左摆举，腕同肩高，手心朝外，指尖朝前；目视右侧。〔见图29（a）（b）〕

（a）

（b）

【图29】

2. 重心移至左腿，右腿屈膝提起；同时两前臂向内划弧合于腹前，手心朝上，剑尖朝前；左手剑指捧托于右手背下；目视前方。（见图30）

【图30】

第三章　42式太极剑竞赛套路

3. 右脚向右落步成右弓步，上体略右转；同时，右手握剑右摆崩剑，劲贯剑身前端，腕同肩高，剑尖高于腕，臂微屈，手心朝上；左手剑指向左分展，停于胯旁，手心朝下；目视剑尖方向。（见图31）

要点：捧剑与提膝、崩剑与弓步要协调一致；崩剑为一发劲动作，要转腰、沉胯，发劲松弹；整个动作要连贯。

14. 歇步压剑

身体左转，重心移至左腿；右脚向左脚后插步，脚前掌着地；同时右手握剑经上向左划弧，变手心朝下；继而两腿屈膝下蹲成歇步；同时右手握剑向下压剑，臂微屈，腕同膝高；左手剑指向上划弧，臂呈弧形举于头上方，手心斜朝上；目视剑尖方向。〔见图32（a）（b）〕

要点：压剑时，肩、肘松沉，不可僵直；剑身距地面约10厘米。

【图31】

【图32】

15. 进步绞剑

1. 身体略右转，两腿蹬伸，左腿屈膝，右脚向前上步成右虚步；同时右手握剑虎口朝前上方立剑上提，腕同肩高，剑尖略低于腕；左手剑指经上弧形前摆，附于右前臂内侧，手心朝下；目视前下方。（见图33）

2. 右脚向前上步，重心前移；同时右手握剑绞剑；左手剑指向下、向左划弧侧举，腕略高于肩，手心朝外，指尖朝前，臂呈弧形；目视剑尖方向。（见图34）

【图33】

【图34】

第三章 42式太极剑竞赛套路

3．左脚向前上步，重心前移；同时右手握剑再次绞剑；左手剑指动作不变；目视剑尖方向。（见图35）

【图35】

（a）

4．右脚向前上步成右弓步；同时右手握剑继续绞剑后前送；左手剑指经上向前附于右前臂上，手心朝下；目视剑尖方向。〔见图36（a）（b）〕

要点：上步要轻灵平稳，不可忽高忽低；上一步，绞一剑，共上三步，并使上步与绞剑协调一致，剑尖运转呈螺旋形。

（b）

【图36】

16. 提膝上刺

1. 重心后移，上体略左转，左腿屈膝半蹲，右膝微屈；同时右手握剑屈肘回抽带至左腹前，手心朝上，剑身平直，剑尖朝右；左手剑指附于剑柄上；目平视剑尖方向。（见图37）

2. 重心前移，身体略右转，右腿自然直立，左腿屈膝提起成右独立式；同时右手握剑向前上方刺出，手心朝上，左手剑指附于右前臂内侧；目视剑尖方向。（见图38）

要点：提膝与刺剑要协调一致；提膝不得低于腰部，上体要保持端正自然。

【图37】

【图38】

第三章　42式太极剑竞赛套路

（a）

（b）

【图39】

【图40】

17. 虚步下截

1. 右腿屈膝半蹲；左脚向左落步，脚跟着地，上体略左转；同时右手握剑随转体屈肘外旋向左上方带剑，手心朝里，腕同头高，剑尖朝右；左手剑指经下向左划弧至左胯旁，手心斜朝下；目视右侧。〔见图39（a）（b）〕

2. 随重心左移，左脚踏实，屈膝半蹲，上体右转，右脚向左移半步，脚尖点地成右虚步；同时右手握剑随转体略向左带后向右下方截剑至右胯旁，剑尖朝左前，与膝同高，劲贯剑身下刃；左手剑指向上，臂呈弧形举于头上方，手心斜朝上；目视右侧。（见图40）

要点：虚步与截剑要协调一致；截剑时，右臂不可僵直。

073

18. 右左平带（右、左）

1. 左膝微屈，右腿屈膝提起，脚尖下垂；同时右手握剑立刃向前伸送至与胸高，臂自然伸直，剑尖略低于手；左手剑指经上向前附于右前臂内侧；继而，右脚向右前方落步，上体略右转成右弓步；同时右手握剑前伸，手心转向下后屈肘向右带剑至右肋前，剑尖朝前；左手剑指仍附于右前臂内侧；目视剑尖方向。〔见图41（a）（b）（c）〕

（a）

（b）

（c）

【图41】

第三章　42式太极剑竞赛套路

【图42】

2. 随重心前移，左脚向左前方上步成左弓步；同时右手握剑随剑尖前伸，前臂外旋，至手心朝上后微屈肘向左带剑至左肋前，剑尖朝前；左手剑指经下向左，臂呈弧形举于头上方，手心斜朝上；目视前方。〔见图42（a）（b）（c）〕

要点：弓步与带剑协调一致；上体不可前俯或突臀。

19. 弓步劈剑

1. 随重心前移，右脚摆步向前，屈膝半蹲；左腿自然伸直，脚跟提起，上体右转；同时右手握剑向右后方下截；左手剑指屈肘向下附于右肩前，手心斜朝下；目视剑尖方向。〔见图43（a）（b）（c）〕

（a）

（b）

（c）

【图43】

第三章　42式太极剑竞赛套路

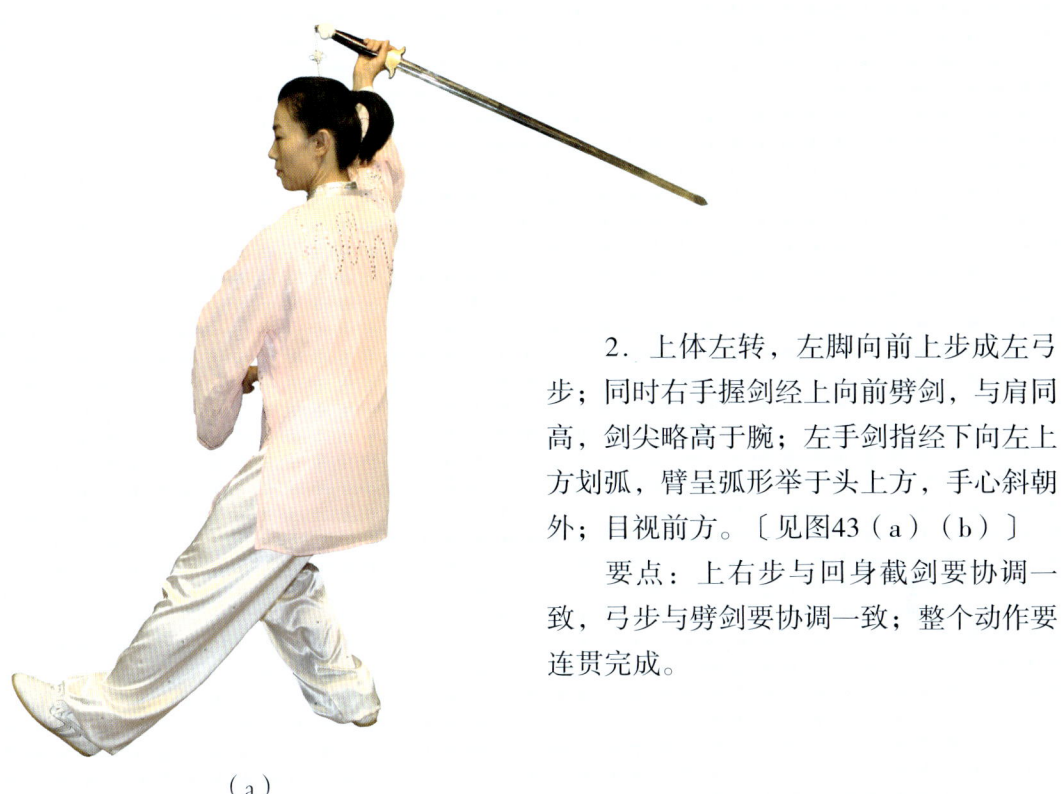

2. 上体左转，左脚向前上步成左弓步；同时右手握剑经上向前劈剑，与肩同高，剑尖略高于腕；左手剑指经下向左上方划弧，臂呈弧形举于头上方，手心斜朝外；目视前方。〔见图43（a）（b）〕

要点：上右步与回身截剑要协调一致，弓步与劈剑要协调一致；整个动作要连贯完成。

（a）

【图44】　　　　　　　　（b）

077

20. 丁步托剑

1. 随重心前移，右腿屈膝上提成独立式；上体右转并微前倾；同时右手握剑向右后方截剑；左手剑指屈肘摆至右肩前，手心朝右后；目视剑尖方向。（见图45）

2. 右脚向前落步，屈膝半蹲，左脚跟步至右脚内侧，脚尖点地成左丁步；同时右手握剑向前、屈肘向上托剑，剑尖朝右；左手剑指附于右腕内侧，手心朝前；目视右侧。（见图46）

要点：提膝与回身下截剑、丁步与托剑要协调一致；剑上托时劲贯剑身上刃；整个动作要连贯。

【图45】

【图46】

21. 分脚后点

1. 左脚向左前方上步，脚尖内扣，膝微屈，上体右转（约90°）；随以右脚前掌为轴脚跟内转，膝微屈；右手握剑使剑尖向右、向下划弧至腕下与肩同高，手心斜朝上，剑尖斜向下，左手剑指仍附右腕；目视剑尖方向。（见图47）

【图47】

2. 右脚向后撤步，腿自然伸直，左脚以跟为轴，脚尖内扣碾步，屈膝半蹲，身体右转（约90°）；同时右手握剑，剑尖领先，经下向后划弧穿至腹前，手心朝外，剑尖朝右，稍低于腕；左手剑指仍附于右腕；目视剑尖方向。（见图48）

【图48】

3. 随重心前移，右腿屈膝前顶成右弓步，上体略右转；同时右手握剑沿右腿内侧向前穿刺，与肩同高；左手剑指向左后方划弧摆举，与肩同高，手心朝外；目视剑尖方向。（见图49）

【图49】

【图50】

4．随重心前移，左脚向右脚并步，两腿屈膝半蹲，上体略左转；同时右手握剑，剑柄领先，向上、向左划弧带剑至左胯旁，手心朝内，剑尖朝左上方；左手剑指向上，在头上方与右手相合后，屈肘下落附于右腕内侧；目视左侧。（见图50）

5．左腿自然伸直；右腿屈膝提起，脚尖自然下垂；上体右转（约90°）；同时右手握剑使剑尖在体左侧立圆划弧至后下方时，以剑柄领先，前臂内旋上提举至头前上方，手心朝右，剑尖朝前下方；左手剑指外旋，向前下方伸出至右脚踝内侧前方，手心朝前上方；目视剑尖方向。（见图51）

6．右脚向前摆踢成分脚；同时上体略向右拧转，随转体右手握剑经上向右后方点剑，腕同肩高；左手剑指向左上方举，臂呈弧形举于头上方，手心斜朝上；目视剑尖。（见图52）

要点：提膝与提剑、分脚与后点剑要协调一致；整个动作要连贯圆活，一气呵成。

【图51】

【图52】

第三段

22. 仆步穿剑（右）

1. 左腿屈膝半蹲，右腿屈膝向后落步成左弓步；同时上体左转，随转体右手握剑弧形向体前摆举，腕同胸高，手心朝上，剑身平直，剑尖朝前；左手剑指向下，屈肘附于右前臂内侧，手心朝下；目视剑尖方向。（见图53）

2. 随身体重心后移，两脚以脚掌为轴碾步，身体右转（约90°）成右横弓步；同时右手握剑屈肘经胸前向右摆举斩剑，臂微屈，手心朝上，剑尖略高于腕；左手剑指向左分展侧举，与腰同高，臂微屈，手心朝外；目视剑尖方向。（见图54）

【图53】

【图54】

3．重心左移，成左横弓步，上体略左转；同时右手握剑屈臂上举、带至头前上方，手心朝内，剑身平直，剑尖朝右；左手剑指向上摆举，附于右腕内侧，臂呈弧形，手心朝前；目视剑尖方向。（见图55）

4．左腿屈膝全蹲成右仆步，上体略右转；同时右手握剑向下置于裆前，手心朝外，使剑立剑落至右腿内侧，剑尖朝右；左手剑指仍附右腕；目视剑尖方向。（见图56）

【图55】

【图56】

5．随重心右移，右脚尖外展，左脚尖内扣碾步成右弓步；同时身体右转（约90°），随转体右手握剑沿右腿内侧向前立剑穿出，腕同胸高，臂自然伸直，手心朝左；左手剑指仍附于右腕内侧；目视前方。（见图57）

要点：身体重心左右转换要平稳，上体切忌摇晃，动作时，以身带臂、使剑，动作连贯圆活。

【图57】

23. 蹬脚架剑（左）

1. 右脚尖外展；身体略右转；同时右手持剑向右上方带剑至头前上方（腕距右额约10厘米），手心朝外，剑尖朝前；左手剑指屈肘附于右前臂内侧，手心朝右；目视剑尖方向。（见图58）

2. 右腿自然直立，左脚经右脚踝内侧屈膝提起，脚尖自然下垂；同时右手握剑略向右带；目视剑尖方向。（见图59）

3. 左脚以脚跟为力点向左侧蹬脚；同时右手握剑上架，臂微屈；左手剑指向左侧指出，臂自然伸直，腕同肩高，手心朝前，指尖朝上；目视剑指方向。（见图60）

要点：剑指、剑尖、蹬脚均朝同一方向；蹬脚与架剑、剑指动作要协调一致；右腿独立要站稳；蹬脚高度不得低于腰部；此势为一平衡动作。

【图58】

【图59】

【图60】

24. 提膝点剑

　　左腿屈膝成右独立步，上体略右转；同时右手握剑经上向右前下方点剑，剑尖与膝同高；左手剑指屈肘右摆，附于右前臂内侧，手心朝下；目视剑尖方向。（见图61）

　　要点：左腿屈膝扣脚与点剑要协调一致；右腿站立要稳。

【图61】

25. 仆步横扫（左）

　　1. 右腿屈膝全蹲，左脚向左后方落步成左仆步，上体略左转；同时左手剑指屈肘内旋，经左肋前向后反插至左腿外侧，手心上朝外；右手握剑沉腕下落至右膝前上方，手心朝上；目视剑尖方向。（见图62）

【图62】

【图63】

2. 随身体重心左移，身体左转（约90°），左腿屈膝，脚尖外展，右脚跟外展碾步成左弓步；同时右手握剑，向左平扫，腕同腰高，手心朝上，臂微屈，剑尖朝前下方略低于腕；左手剑指经左向上，臂呈弧形举于头上方，手心朝上；目视剑尖方向。（见图63）

要点：由仆步转换成弓步时，上体不要前倾和突臀。

26. 弓步下截（右、左）

1. 身体重心前移，右脚跟至左脚内侧（脚不触地）；同时右手握剑内旋划弧拨剑，腕同腰高，手心朝下，剑尖朝左前下方；左手剑指屈肘下落附于右腕内侧，手心朝下；目视剑尖方向。（见图64）

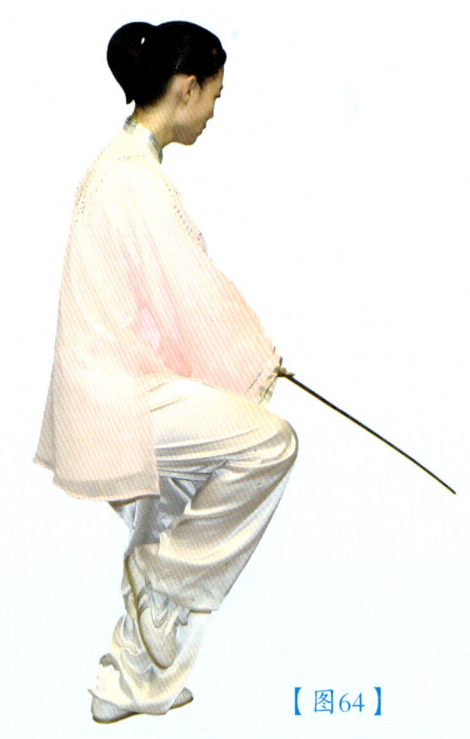

【图64】

2. 右脚向右前方上步成右弓步，上体略右转；同时右手握剑向右前方划弧截剑，臂微屈，腕同胸高，虎口朝下，剑尖朝前下方；左手剑指仍附右腕；目视剑尖方向。（见图65）

3. 身体重心移至右腿；左脚跟至右脚内侧（脚不触地），上体右转；同时右手握剑外旋划弧拨剑至右胯旁，手心朝上，剑尖朝右前下方；左手剑指附于右腕内侧，手心朝下；目视剑尖方向。（见图66）

4. 身体重心左移，左脚向左前方上步，右脚跟外展成左弓步，上体左转（约45°）；同时右手握剑向左划弧截剑至身体左前方，臂微屈，腕同胸高，手心朝上，剑尖朝前下方；左手剑指向左前上方划弧摆举，臂呈弧形举于头前上方，手心朝外；目视剑尖方向。（见图67）

要点：划弧拨剑，以腕为轴，手腕松活，剑尖形成一小圆弧；截剑时以身带剑，身随步转。整个动作要柔和连贯，眼随剑走。

【图65】

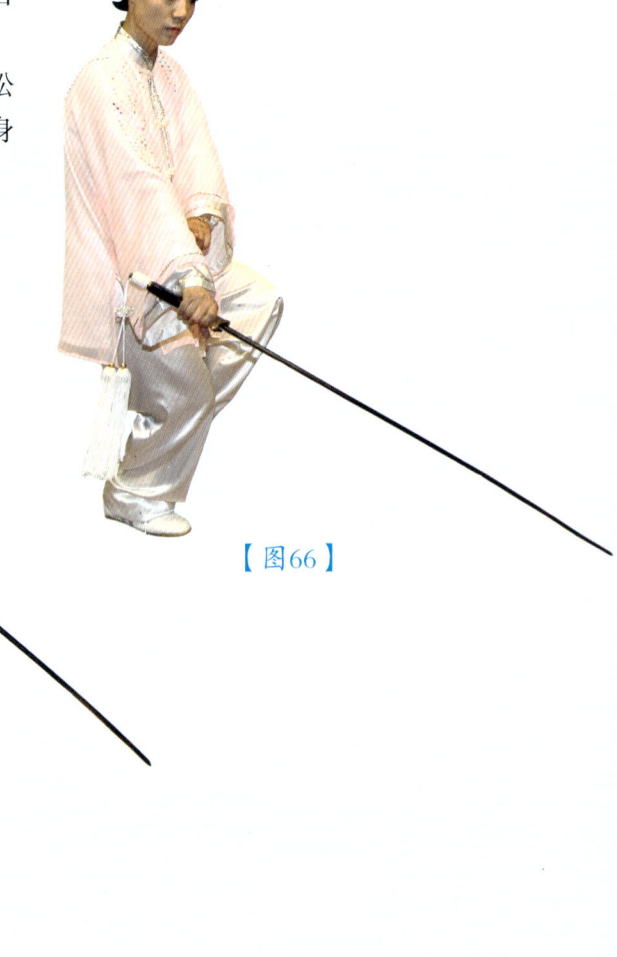

【图66】

【图67】

27. 弓步下刺

1. 身体重心前移，右脚在左脚后震脚，屈膝半蹲；左脚跟提起，上体略右转；同时右手握剑屈肘回带至右肋前，手心朝上，剑尖朝前，略低于手；左手剑指先前伸；复随右手回带屈肘附于右腕内侧，手心朝下；目视剑尖方向。
〔见图68（a）（b）〕

2. 随身体重心前移，左脚向左前方上步成左弓步，上体略左转；同时右手握剑向左前下方刺出，腕同腰高，手心朝上；左手剑指仍附于右腕内侧，手心朝下；目视剑尖方向。（见图69）

要点：震脚与刺剑均为发力动作。震脚与两手相合屈肘回带、刺剑与弓步均要协调一致；刺剑时先转腰回带为之蓄劲，继而以转腰沉胯带剑下刺，力注剑尖；发劲要松弹。

（a）

（b）

【图68】

【图69】

28. 右左云抹（右、左）

1. 随身体重心前移，右脚跟至左脚内侧（脚不触地），身体略左转；同时右手握剑沉腕略向左带，腕同腰高，臂微屈，手心朝上，剑尖略低于手；左手剑指略向左带后经胸前向右划弧至右臂上方，手心朝右；目视剑尖方向。（见图70）

2. 右脚向右上步成右横引步，上体右转；同时右手握剑向右上方划弧削剑，臂微屈；左手剑指向左划弧分展举于左前方，与胸同高，手心朝外；目视剑尖方向。（见图71）

3. 上体略右转，身体重心右移；继而上体略左转，左脚向右盖步，膝微屈；右脚在左脚即将落地时，蹬地，屈膝后举于左小腿后，脚尖下垂（离地面约10厘米）；同时右手握剑在面前逆时针划弧云剑，摆至体前，腕同胸高，臂微屈，手心朝下，剑尖朝左前方；左手剑指与右手在胸前相合，附于右腕内侧，手心朝下；目视剑尖方向。（见图72）

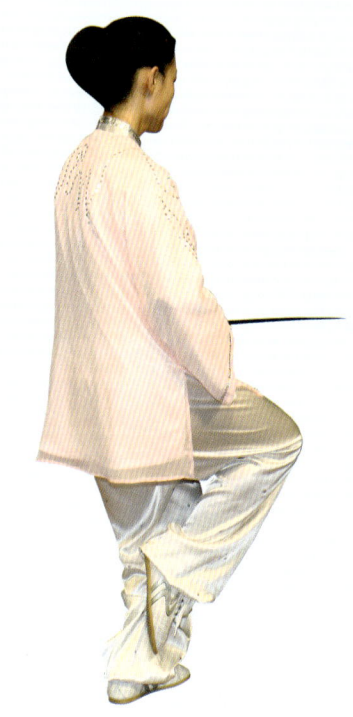

【图70】

【图71】

【图72】

第三章　42式太极剑竞赛套路

【图73】

【图74】

【图75】

4．右脚向右上步成右弓步，上体右转；同时右手握剑向右抹剑至右前方，手心朝下；左手剑指仍附于右腕内侧；目视剑尖方向。（见图73）

要点：以上为右云抹剑。盖步时，步法要轻灵；云剑时，要以身带剑，使剑运行连贯圆活，身剑要协调。

5．身体重心右移，左脚跟至右脚内侧（脚不触地），身体略右转；同时右手握剑略屈肘右带，腕同腰高，剑尖朝左前；左手剑指仍附于右腕内侧；目视剑尖方向。（见图74）

6．左脚向左上步成左弓步，上体左转；同时右手握剑向前伸送后向左抹带，腕同胸高，手心朝下，剑尖朝前；左手剑指经前向左划弧摆举至体左侧，手心朝外；目视剑尖方向。（见图75）

7. 身体重心左移，右脚向左盖步；右脚将落地时，左脚蹬地，屈膝后举于右小腿后，脚尖下垂（离地面约10厘米），上体略右转；同时右手握剑在面前顺时针划圆云剑，摆至体前，腕同胸高，手心朝上，剑尖朝右前方；左手剑指在云剑时向右与右手相合，附于右腕内侧，手心朝下；目视剑尖方向。（见图76）

【图76】

（a）

8. 左脚向左上步成左弓步，上体略左转；同时右手握剑向左抹剑，手心朝上；左手剑指向左划弧后，臂呈弧形举于头前上方；目视剑尖方向。〔见图77（a）(b)〕

要点：此势为左云抹剑，要领同右云抹剑；右、左云抹剑要连贯完成。

（b）

【图77】

29. 右弓步劈

1. 身体重心前移，右脚跟至左脚内侧（脚不触地），身体略左转；同时右手握剑，剑刃领先，经下向左后方划弧至左腹前，臂微屈，手心斜朝上，剑尖朝左后下，与胯同高；左手剑指屈肘向下落于右前臂上，手心朝外；目视剑尖方向。（见图78）

2. 右脚向右上步成右弓步，上体略右转；同时右手握剑经上向右划弧劈剑，腕同胸高，剑臂一线；左手剑指经下向左划弧，臂呈弧形举于头上方，手心朝外；目视剑尖方向。（见图79）

要点：弓步与劈剑要协调一致，速度要缓慢均匀，动作要圆活连贯，劲贯剑身。

【图78】

【图79】

30. 后举腿架剑

1. 身体重心前移，左脚摆步向前，屈膝半蹲；右脚跟提起，上体略左转；同时右手握剑向左挂剑，腕同腰高，剑尖朝左；左手剑指屈肘下落附于右前臂上，手心朝外；目视左下方。（见图80）

【图80】

2. 左腿直立，右腿屈膝，后举小腿，脚面展平同臀高，上体略右转；同时右手握剑上架（离头部约10厘米），剑尖朝左；左手剑指经面前向左摆举，臂微屈，指尖朝上；目视剑指。（见图81）

要点：左手剑指与剑尖为同一方向；右腿后举与举剑上架、剑指动作要协调一致；独立要稳，此势为平衡动作。

31. 丁步点剑

左腿屈膝，身体略右转；右脚向右落步，脚跟着地，腿自然伸直；同时右手握剑略向右摆举使剑尖向上，高于右腕；目视左前方。重心右移，身体右转，右脚踏实，屈膝半蹲，左脚跟至右脚内侧，脚尖点地成左丁步；同时右手握剑向右点击，腕同胸高；左手剑指经体前向右划弧屈肘附于右腕内侧；目视剑尖方向。（见图82）

要点：丁步与点剑要协调一致；点剑时力注剑锋。

【图81】

【图82】

32. 马步推剑

1. 左脚向左后方撤步，右腿屈膝，随身体重心后移，以脚掌擦地撤半步，脚跟提起，腿微屈，上体向右拧转；同时右手握剑，虎口朝上，屈肘收至右肋下，剑身竖直，剑尖朝上；左手剑指附于右腕，手心朝下；目视右侧。（见图83）

2. 左脚蹬地，随身体重心前移，右脚向右前方上步，脚尖内扣，左脚跟滑半步，两腿屈膝半蹲成马步，上体左转；同时右手握剑向右前方立剑平推，腕同胸高，剑尖朝上，力贯剑身前刃；左手剑指经胸前向左推举，手心朝外，指尖朝前，与肩同高；目视右侧。（见图84）

要点：此势为发力动作；马步与推剑要协调一致，推剑时要转腰沉胯，劲力顺达。

【图83】

【图84】

第四段

33. 独立上托

1. 身体重心左移，右脚向左插步，身体右转；同时右手握剑以腕为轴，外旋翻转手腕，使剑尖经下向后、向上在体右侧立圆划弧至头部右侧，剑尖朝右上方，虎口仍朝上，腕同胸高；左手剑指略向前摆举；目视右前方。随身体重心后移，两腿屈膝下蹲，并以左脚跟、右脚掌为轴碾步，身体右后转（约180°）；同时右手握剑前臂内旋，剑柄领先向下、向右后方划弧摆举至右膝前上方，剑尖朝前；左手剑指屈肘向右附于右腕内侧，手心朝下；目视剑尖方向。（见图85）

2. 上体略右转，右腿自然直立，左腿屈膝提起成右独立式；同时右手握剑臂内旋向上托举停于右额上方（约10厘米），剑身平直，剑尖朝左；左手剑指屈肘附于右前臂内侧，手心朝外；目视左侧。
（见图86）

要点：插步转体时，上体不要过于前俯和突臀；提膝与上举剑要协调一致；此势为平衡动作。

【图85】

【图86】

第三章　42式太极剑竞赛套路

34. 挂剑前点

1. 左脚向左摆步，随身体重心前移，右脚跟提起，上体略左转；同时右手握剑向左下方划弧挂剑，手心朝内；左手剑指屈肘附于右上臂内侧，手心朝外；目视剑尖方向。（见图87）

【图87】

2. 随身体重心前移，右脚摆步向前，上体略右转；同时右手握剑经上向前划弧，前臂外旋，手心朝上，剑尖朝前，低于右腕；左手剑指仍附于右前臂内侧，手心朝右；目视剑尖方向。（见图88）

【图88】

【图89】

3. 随身体重心前移，右脚踏实，左脚跟提起，上体略右转；同时右手握剑向右划弧穿挂剑，手心朝外；左手剑指向上，臂呈弧形举于头上方，手心朝左；目视剑尖方向。（见图89）

095

4．随身体重心前移，左脚摆步向前，脚跟着地，身体略左转；同时右手握剑向右伸举，手心朝上，腕同腰高，剑尖朝右下方；左手剑指下落至与肩同高，手心朝外；目视剑指方向。随身体重心前移，左脚踏实，屈膝半蹲，右脚向右前方上步成右虚步，上体左转（约90°）；同时右手握剑经上向右前下方点剑；左手剑指经下向左划弧，臂呈弧形举至头上方，手心朝外；目视剑尖方向。（见图90）

要点：左右挂剑，动作要连贯圆活，贴近身体；立圆挂剑，虚步与点剑要协调一致。

35. 歇步崩剑

1．右脚跟内扣踏实，屈膝半蹲；左脚跟提起，身体重心前移，上体右转；同时右手握剑跷腕向后带剑至右胯旁，手心朝内，剑尖朝左上方，略低于肩；左手剑指屈肘下落附于右腕上，手心朝下；目视右前下方。（见图91）

【图90】

【图91】

第三章　42式太极剑竞赛套路

2．身体重心略左移，右腿屈膝；左脚向左上步成右弓步，上体略右转；同时右手握剑经下向右划弧反撩，腕同胸高，手心朝后，剑尖朝右；左手剑指经下向左划弧摆举至与肩平；目视剑尖方向。（见图92）

【图92】

3．重心后移，右脚向左脚后撤步成歇步；身体略右转；同时右手握剑，变虎口朝上后沉腕崩剑，腕同腰高；左手剑指向上，臂呈弧形举于左上方，手心斜朝上；目视右前方。（见图93）

要点：歇步与崩剑动作要协调一致；沉腕崩剑，劲贯剑锋。

【图93】

【图94】

36. 弓步反刺

1、右脚踏实，右腿伸起直立，左腿屈膝提起脚尖下垂；上体稍左倾；同时右手握剑屈肘侧举，腕低于胸，使剑身斜置于右肩上方，手心朝前，剑尖朝左上方；左手剑指下落，与肩同高；目视右前方。（见图94）

097

2、左脚向左落步，成左弓步，上体略向左倾；同时右手握剑向前上方探刺；左手剑指向右与右臂在体前相合，附于右前臂内侧；目视剑尖方向。（见图95）

要点：动作要舒展；弓步与探刺要协调一致。

【图95】

【图96】

37. 转身下刺

1. 随身体重心后移，身体右转，左脚尖内扣；同时右手握剑屈肘回带至左肩前，手心朝内，剑尖朝右；左手剑指附于右腕内侧；手心朝外；目视右侧。（见图96）

2. 身体重心左移，右脚屈膝提起，脚尖下垂；以左脚掌为轴碾步，身体右转；同时右手握剑向右摆至右肩前，使剑尖向下划弧至右膝外侧，手心朝后，剑尖斜朝下；左手剑指仍附于右腕上；目视剑尖方向。（见图97）

【图97】

3．随身体右转约180°，左脚跟向左碾转，右脚向右后方落步成右弓步；同时右手握剑向前下方刺出，腕同腰高，手心朝上；左手剑指附于右腕上，手心朝下；目视剑尖方向。（见图98）

要点：动作要连贯圆活，上体不要过于前倾；弓步与刺剑要协调一致。

【图98】

38．提膝提剑

1．身体重心后移，上体左转；左脚尖外摆，屈膝半蹲，右腿自然伸直；同时右手握剑，以剑柄领先，屈臂外旋，向左上方带剑（距头部约20厘米），手心朝内，剑尖朝右；左手剑指附于前臂内侧，手心朝外；目视剑尖方向。身体重心右移，右腿屈膝，左腿自然伸直，左脚跟外转，上体略右转；同时右手握剑，剑柄领先，前臂内旋，手心朝下，经腹前摆至右胸前（约30厘米），使剑尖经上向右前划弧，剑尖低于腕；左手剑指附于右腕内侧，手心朝外；目视剑尖方向。（见图99）

【图99】

2. 左腿屈膝提起成右独立步；上体略右转并稍前倾；同时右手握剑，剑柄领先，向右、向上划弧提剑，臂呈弧形举于右前方，腕同额高，虎口斜朝下，剑尖置于左膝外侧；左手剑指经腹前向左划弧摆举，与腰同高，手心朝外；目视左前下方。（见图100）

要点：提膝与提剑要协调一致。

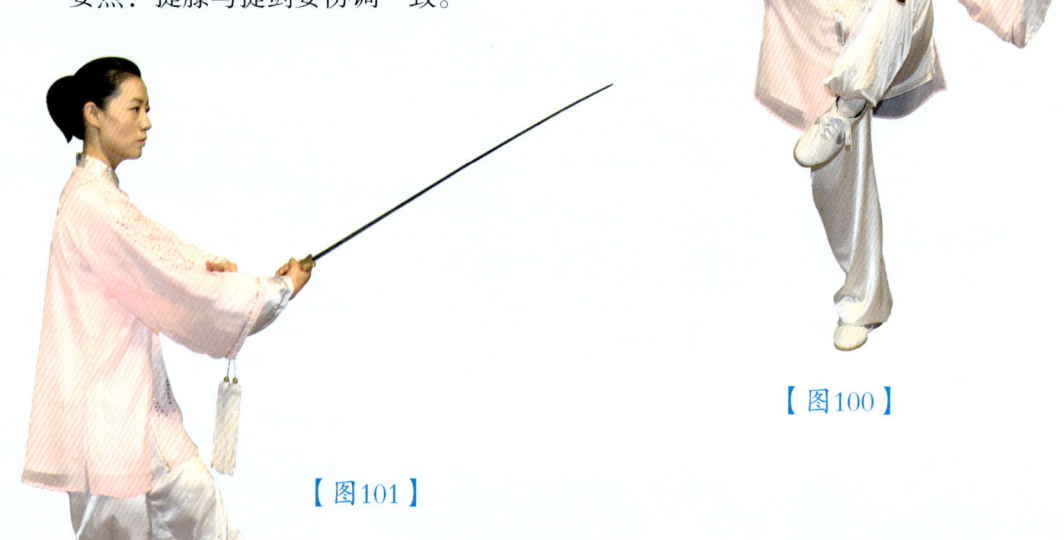

【图100】

【图101】

39. 行步穿剑

1. 右腿屈膝，左脚向左落步，脚跟着地，上体左转；同时右手握剑，手心转向上，剑尖领先，经左肋下向左、向前穿剑，腕与腰同高，剑尖朝前，左手剑指向右上方划弧摆举至右肩前，手心朝下；目视剑尖方向。（见图101）

2. 随身体重心前移，左脚踏实，膝微屈，右脚向右摆步，上体右转；同时右手握剑，剑尖领先，向前、向右划弧穿剑，腕与胸同高，剑尖朝右；左手剑指经胸前向左分展侧举，臂呈弧形，手心朝外；目视剑尖方向。（见图102）

【图102】

3．随身体重心前移，左脚向右扣步，上体略右转；两手动作不变。依次右、左脚再各上一步。〔见图103（a）（b）（c）〕

要点：穿剑时，略沉胯拧腰蓄劲；行步时，左脚扣、右脚摆，行走平稳，勿飘浮，共走5步，轨迹成一圆形。

【图103】　（a）（b）（c）

40. 摆腿架剑

1. 右手握剑，前臂内旋经面前使剑尖在头前方逆时针划弧，屈肘向左摆至左肋前，剑尖朝左上方；当右手握剑左摆至面前时，右脚外摆腿，下落至水平时屈收小腿；左手剑指向上，在面前与右手相合，屈肘附于右腕内侧，手心朝下；目视前方。（见图104）

2. 左腿屈膝，右脚向右前方落步，身体略右转；同时右手握剑经前向右划弧抹剑，腕与胸同高，手心朝下，剑尖朝左；左手剑指附于右前臂内侧，手心朝下；目视剑身前端。（见图105）

【图104】

【图105】

3. 右腿屈膝半蹲，左脚跟外展成右弓步，上体略左转；同时右手握剑上举架剑，剑尖朝前；左手剑指随右手上举后经面前向前指出，指尖朝上，与鼻同高；目视剑指方向。（见图106）

要点：外摆腿不得低于胸，并要与剑和剑指紧密配合；弓步与抹剑上架要协调一致；剑指与剑为同一方向。

【图106】

41. 弓步直刺

1. 身体重心移至右腿，左脚收提至右脚内侧（脚不触地）；同时右手握剑经右向下收至右胯旁，虎口朝前，剑尖朝前；左手剑指经左向下收至左胯旁，手心朝下，指尖朝前；目视左前下方。（见图107）

2. 左脚向前上步成左弓步；上体略左转；同时右手握剑立刃向前平刺；左手剑指在胸前与右手相合，附于右腕内侧后向前伸送，手心斜向下；目视前方。（见图108）

要点：弓步与刺剑要协调一致，上体要自然直立，不要挺腹、突臀。

【图107】

【图108】

42. 收势

1. 身体重心后移，右腿屈膝，上体右转；同时右手握剑屈肘向右回带至右胸前；左手剑指仍附腕随之右移，两手心相对（准备接剑），剑身微贴在左前臂外侧；目视前下方。（见图109）

【图109】

2. 上体左转，重心前移，右脚上步成平行步；同时左剑指变掌接剑（反握），随经腹前向左摆置于左胯旁，手心朝后，剑身竖直，剑尖朝上；右手变剑指经下向右后方划弧，随屈肘举至右耳侧，手心朝内，指尖朝上，与头同高；目视前方。〔见图110（a）（b）（c）〕

（a）

（b）

【图110】

3. 两腿自然伸直；同时右手剑指经胸前向下落于身体右侧；然后左脚向右脚并拢，身体自然站立，两臂垂于体侧；目视前方。（见图111）

要点：动作要连贯、圆活、缓慢；最后成并步自然站立时，全身放松，深呼气，神气归元。

【图111】